Loi n° 49-956 du 16 juillet 1949
sur les publications destinées à la jeunesse.

ISBN : 978-2-09-253597-4
N° d'éditeur : 10178650
Dépôt légal : novembre 2011
Imprimé en France par Pollina 85400 Luçon - L58114

Élisabeth Gilles-Sebaoun Charlotte Roederer

LA BIBLE des petits

Nathan

SOMMAIRE

L'Ancien Testament

Avant, le monde n'existait pas...

Six jours pour créer le monde

10

LE CIEL ET LA TERRE, LE JOUR ET LA NUIT, LES MERS ET LES PLANTES

Il n'y avait ni la terre, ni le ciel, ni les mers ; il n'y avait pas de soleil et pas de lune.

Les gens et les animaux n'existaient pas non plus. Il n'y avait rien, rien du tout. Seul Dieu existait. Puis un jour, Dieu décida de créer le monde. Alors, il fit naître le jour et la nuit. Il créa le ciel, la terre et les mers. Et il fit pousser sur la terre, des milliers de plantes : des herbes, des buissons, des fleurs, des arbres de toutes sortes...

Le soleil,

la lune,

les étoiles et

les animaux

Ensuite, Dieu créa le soleil, la lune et les étoiles. Comme c'était beau ! Dieu était content, mais il n'avait pas fini son monde. Il voulut créer aussi des milliers d'animaux : il fit les oiseaux pour le ciel, les poissons pour les mers et, tous les autres animaux, il les mit sur la terre.

Et Dieu créa l'homme

Dieu décida enfin de créer un être vivant différent des animaux, pour prendre soin de la terre et commander les animaux : il donna la vie à l'homme et le nomma Adam. L'œuvre de Dieu était enfin terminée ! Il lui avait fallu six jours pour créer le monde. Dieu était satisfait de son travail. Alors, il se reposa le septième jour. Et, désormais, ce jour serait le jour du repos, le jour de Dieu.

DIEU OFFRE UN JARDIN À ADAM

Dieu offrit à Adam le plus merveilleux des jardins, le paradis terrestre. Dieu y avait fait pousser des arbres aux fruits délicieux et les plus belles fleurs que l'on eût pu imaginer. Il n'avait pas oublié l'eau pour la terre : quatre rivières coulaient dans ce jardin. Dieu fit tout cela pour qu'Adam soit heureux. Adam devait vivre pour toujours dans ce paradis et ne souffrirait jamais ni de faim ni de soif.

Cependant, Dieu avertit Adam qu'il pouvait manger tous les fruits sauf ceux d'un arbre, celui planté au centre du jardin. Si jamais Adam goûtait un fruit de cet arbre-là, il connaîtrait ce qui est bien et ce qui est mal et mourrait un jour. Bien sûr, Adam promit de ne jamais toucher aux fruits interdits.

Puis, Dieu pensa qu'Adam était trop seul dans son jardin. Alors, il fit venir les animaux. Et c'est Adam qui fut chargé d'imaginer un nom pour chaque bête. Il trouva un nom pour le singe, la souris, le lion, la poule, le cheval, la vache, le chat, et bien d'autres encore...

Désormais, Adam n'était plus seul. Pourtant, il lui manquait encore quelque chose. En effet, chaque animal avait sa compagne sauf Adam. Alors Dieu créa la femme. Et Adam lui donna un nom : Ève.

Adam et Ève vivaient heureux dans le jardin. Tous deux s'aimaient très fort et ne se quittaient jamais. Ils ne manquaient de rien et pouvaient faire tout ce qu'ils voulaient : se baigner dans les rivières, courir dans l'herbe, cueillir des fleurs, manger des fruits et jouer avec leurs amis les animaux. Adam et Ève ne connaissaient pas la méchanceté, le mal. Ils ne savaient même pas que le mal existait. Et pourtant, le mal choisit le serpent pour détruire le bonheur d'Adam et Ève.

17

LE FRUIT DÉFENDU

Un jour, le serpent se moqua d'Ève parce qu'elle n'osait pas goûter le fruit de l'arbre défendu. Le serpent lui raconta que ce fruit était si extraordinaire qu'en le mangeant, elle deviendrait aussi forte et intelligente que Dieu lui-même. Et, au lieu d'écouter Dieu, Ève choisit d'écouter le serpent. De plus, les fruits de cet arbre avaient l'air si délicieux ! Ève croqua dans le fruit défendu et demanda à Adam d'en faire autant. Adam croqua dans le fruit...

18

Adam et Ève chassés du jardin

À peine eurent-ils goûté le fruit qu'Adam et Ève se sentirent honteux d'être nus. Ils étaient si gênés qu'ils se couvrirent de feuilles. Et, lorsque Dieu appela Adam dans le jardin, Adam courut se cacher.

Dieu sut tout de suite ce qui s'était passé. Il était très fâché !

Il donna des vêtements de peaux à Adam et Ève, et il les chassa du merveilleux jardin...

Adam et Ève eurent des enfants. Le temps passa. Les enfants grandirent et, à leur tour, eurent des enfants.

L'ARCHE DE NOÉ

DIEU DÉÇU PAR LES HOMMES

Très longtemps après Adam et Ève, les hommes et les femmes étaient devenus nombreux sur la terre. Mais ils semblaient avoir oublié Dieu : ils se comportaient mal et se battaient entre eux. Voyant leur méchanceté, leur jalousie, leur égoïsme, Dieu fut désolé. Le mal était partout ! Il regretta d'avoir créé l'homme : il était devenu mauvais.

Dieu décida alors d'inonder la terre pour détruire les hommes. Il ferait tomber la pluie si fort que les mers, les lacs, les rivières déborderaient, recouvrant la terre tout entière : un vrai déluge !

Mais Dieu savait qu'il y avait un homme qui méritait d'être sauvé : il était bon, généreux, il avait toujours gardé Dieu dans son cœur. Cet homme s'appelait Noé.

20

NOÉ CONSTRUIT L'ARCHE, PUIS IL RECUEILLE LES ANIMAUX.

Dieu ordonna à Noé de construire un immense bateau : une arche. Il devait s'y réfugier avec sa famille. Il devait aussi emmener un mâle et une femelle de toutes les espèces animales que Dieu avait créées, y compris les oiseaux et même les petits insectes. Noé fit exactement ce que Dieu lui avait ordonné. Nuit et jour, il travailla avec ses fils pour construire l'arche.

Dès qu'elle fut terminée, Noé y fit monter les couples d'animaux : les animaux à poils, à plumes ; les animaux qui marchent, ceux qui volent, ceux qui rampent, ceux qui sautent ; les petits, les gros et les moyens.

Il n'en oublia aucun. Puis, avec sa femme, ses fils et leurs épouses, Noé entra dans l'arche. Et c'est Dieu lui-même qui referma la porte.

Sept jours plus tard, une pluie diluvienne se mit à tomber sur la terre. Bientôt l'arche de Noé commença à flotter mais l'eau continuait de monter, de monter encore. Les arbres avaient disparu et l'eau montait toujours. Ensuite, les montagnes disparurent à leur tour. Enfin, la pluie s'arrêta. Elle avait duré quarante jours et quarante nuits. Mais ce n'était pas fini ! Il fallait maintenant attendre que l'eau baissât. Et Noé attendit.

LE CORBEAU ET LA COLOMBE

Noé attendit longtemps, puis il libéra un corbeau. Mais le corbeau revint très vite se réfugier dans l'arche. L'eau était toujours là, partout, et l'oiseau n'avait pas trouvé de terre où se poser. Plus tard, Noé lâcha une colombe, mais au bout de quelques heures, elle fut de retour. Un matin, il la laissa encore s'envoler ; cette fois, elle réapparut le soir, très tard et, dans son bec, elle tenait une minuscule branche d'olivier. Noé comprit que la nature, les plantes avaient commencé à renaître, quelque part sur la terre. Noé attendit et, une dernière fois, la colombe s'envola. Elle ne revint jamais : elle avait dû trouver un jeune arbre pour y faire son nid.

Noé quitte l'arche

Noé sut que le moment était venu de quitter l'arche et il ouvrit la porte. Il libéra les deux loups, les deux souris, les deux papillons, les deux aigles, et tous les autres couples d'animaux. Ensuite, il sortit avec sa famille. Comme ils étaient heureux de retrouver la terre ! Elle était toute propre, lavée, et elle sentait si bon. Leurs premiers pas sur la terre leur procurèrent un immense plaisir.

Noé remercia Dieu. Et Dieu fit une promesse à Noé : jamais plus il ne détruirait les hommes, même s'ils redevenaient méchants entre eux. Et soudain, un arc-en-ciel apparut dans le ciel. Dieu venait de le dessiner pour Noé. Ainsi, Noé sut que Dieu tiendrait sa promesse : cet arc-en-ciel était le signe de l'amitié, de l'alliance entre Dieu et Noé, et toutes les créatures vivantes de la terre.

La tour de Babel

Les enfants de Noé eurent beaucoup d'enfants et plus tard, les petits-fils de Noé eurent à leur tour des enfants. Et c'est ainsi que les hommes, encore une fois, se comptèrent par milliers. Tous parlaient la même langue.
Un jour, ils partirent loin s'installer dans une grande plaine. Les hommes avaient appris à faire des briques bien solides ; ils étaient fiers et se sentaient très forts. Alors, ils décidèrent de bâtir une belle ville avec une tour si haute qu'elle irait jusqu'au ciel. Ils commencèrent donc à construire la tour. Bientôt, elle atteignit presque les nuages.

LES HOMMES NE SE COMPRENNENT PLUS

Mais Dieu pensa que ces hommes étaient vraiment trop orgueilleux. Il leur avait donné la terre et il leur fallait le ciel ! Alors, pour les arrêter, il changea les mots. Et soudain, les hommes furent incapables de se comprendre, chacun parlait une langue différente. Et comme ils ne pouvaient plus parler entre eux, ils furent incapables de travailler ensemble : ils ne purent terminer la construction de la tour. Alors, ils se séparèrent pour aller s'installer un peu partout sur la terre. Et la tour abandonnée reçut le nom de Babel.

Parmi les hommes, beaucoup avaient oublié Dieu, mais Abraham, lui, aimait Dieu de toutes ses forces. Un jour, Dieu ordonna à Abraham de quitter sa maison et son père. Il voulait lui donner une terre riche où il pourrait s'établir. Et Abraham obéit.

Il partit pour un long voyage avec sa femme Sarah, ses serviteurs et les troupeaux de bêtes. Guidé par Dieu, Abraham arriva un jour dans le pays de Canaan.

28

UN FILS POUR ABRAHAM

Dieu donna cette terre à Abraham qui s'y installa. Puis Dieu lui promit qu'il aurait un fils. Abraham fut très étonné car il était bien trop vieux et Sarah aussi. Pourtant, rien n'était impossible à Dieu : il voulait faire une alliance avec Abraham, être son ami pour toujours. Et Dieu lui promit qu'il serait le père d'un grand peuple.

Un an plus tard, ainsi que Dieu l'avait promis, Sarah donna le jour à un fils. À la demande de Dieu, le bébé reçut le nom d'Isaac.

LE SACRIFICE D'ISAAC

Isaac grandit et il devint un jeune garçon.
C'est alors que Dieu demanda à Abraham quelque chose de très difficile à faire : lui offrir son fils Isaac ! Dieu avait donné un fils à Abraham et voilà qu'il voulait le lui reprendre ! Abraham était malheureux mais il obéit : il emmena Isaac sur une très haute montagne. Et, comme il s'apprêtait à tuer son fils pour le rendre à Dieu, un ange l'arrêta.
En effet, Dieu n'avait jamais eu l'intention de reprendre Isaac ; il avait juste voulu voir si Abraham l'aimait au point de lui offrir son fils unique. Et Dieu bénit Abraham, qui lui sacrifia un bélier à la place d'Isaac.

Joseph vendu par ses frères

Isaac, à son tour, eut deux garçons, des jumeaux : Esaü et Jacob. Jacob était si courageux et si plein de force que Dieu décida de lui donner un autre nom : Israël.

Plus tard, Israël eut douze fils ! L'un deux, Joseph, était le préféré de son père, provoquant ainsi la jalousie de ses frères. Ils détestaient tant Joseph qu'ils le vendirent à des marchands. Joseph se retrouva en Égypte où il devint plus tard le ministre du pharaon.

Puis, un jour, les douze fils d'Israël se retrouvèrent et se réconcilièrent : Joseph demanda à ses frères de venir s'installer avec lui en Égypte car dans le pays de Canaan, il n'y avait plus rien à manger à cause de la sécheresse.

Le pharaon redoute les Israélites

Beaucoup d'années passèrent. Les descendants d'Israël, tous ceux de sa famille qui étaient nés après lui, étaient maintenant si nombreux en Égypte, qu'ils formaient un grand peuple, les Israélites.

Mais un jour, le nouveau pharaon commença à s'inquiéter : les Israélites devenaient trop importants. Ces étrangers étaient hébreux et non pas égyptiens. L'Égypte n'était pas leur pays. Et surtout, ils étaient trop puissants et représentaient un danger !

32

Les Israélites réduits en esclavage

Alors, le pharaon ordonna aux Israélites de faire les travaux les plus difficiles, sans les payer : il en fit des esclaves ! Ils durent construire des routes, des maisons, du matin au soir. Des gardes égyptiens les surveillaient, prêts à les fouetter dès qu'ils s'arrêtaient de travailler. Mais les Israélites étaient courageux, ils résistaient et devenaient toujours plus nombreux. Cette fois, le pharaon, furieux, prit une décision terrible : tous les garçons israélites qui naîtraient devaient être jetés dans le grand fleuve du Nil !

Pourtant, un bébé israélite échappa à ce triste sort. Sa maman avait réussi à cacher son petit garçon pendant trois mois. Puis, ayant trop peur qu'on le découvrît, elle mit son bébé dans une corbeille qu'elle déposa au bord du fleuve, caché dans les roseaux. Elle espérait que Dieu lui viendrait en aide. C'est alors que la fille du pharaon arriva sur les bords du Nil : elle voulait se baigner. Soudain, elle aperçut la corbeille : elle s'en approcha et découvrit l'enfant.

Tout de suite, elle devina que le bébé était hébreu, mais son cœur fut si touché, si bouleversé, qu'elle n'en dit rien à son père. Jeter ce bébé dans le Nil ! Ah non, jamais ! Alors, elle garda le secret. Elle confia le bébé à une nourrice, une maman qui avait du lait pour le nourrir.

Dès qu'il fut assez grand, la fille du pharaon emmena l'enfant dans son palais. Elle lui donna un nom, Moïse, qui signifie « sauvé des eaux ».

35

Moïse quitte l'Égypte

La fille du pharaon éleva Moïse comme son propre fils, tel un Égyptien. Mais Moïse, en grandissant, apprit qu'il était un enfant du peuple d'Israël. Et bientôt, il découvrit que son peuple était maltraité.

Un jour, Moïse vit un Égyptien en train de fouetter un Israélite. Aussitôt, il se précipita sur l'Égyptien et le tua. Quand le pharaon apprit la nouvelle, il envoya ses gardes chercher Moïse pour le tuer. Mais Moïse s'enfuit dans un autre pays où il s'installa et se maria.

DIEU APPELLE MOÏSE

Un jour, alors que Moïse gardait des troupeaux, il aperçut une flamme au milieu d'un buisson. Il s'approcha puis s'arrêta, stupéfait : malgré le feu, le buisson ne brûlait pas. Et soudain Moïse entendit une voix : c'était Dieu qui lui parlait. Et Dieu dit à Moïse d'aller demander au pharaon de laisser partir les Hébreux. Moïse devait conduire son peuple au pays de ses ancêtres, Abraham, Isaac et Israël. Dieu promit de l'aider : si le pharaon refusait, de terribles malheurs frapperaient l'Égypte !

Moïse partit donc en Égypte pour demander au pharaon de laisser partir le peuple hébreu. Le pharaon refusa. De toute façon, ce Dieu dont parlait Moïse, il n'y croyait pas ! Moïse retourna plusieurs fois chez le pharaon. Et, pour le faire céder, il lui montra ce que Dieu était capable de faire.

Et voici ce qui arriva : d'abord, l'eau du fleuve fut changée en sang ; ensuite, des grenouilles envahirent l'Égypte jusque dans les maisons ; enfin, des milliers de moustiques, puis de taons piquèrent tous les Égyptiens, même le pharaon. Mais le pharaon, têtu, ne voulait pas céder.

Alors, une maladie fit périr les troupeaux des Égyptiens ; elle fut suivie d'une épidémie de furoncles ; puis il y eut une tempête de grêle effroyable, un vrai fléau ! Ensuite, des nuages de sauterelles dévorèrent toutes les plantes ; enfin, une nuit noire et profonde tomba sur l'Égypte : elle dura trois jours ! Mais le pharaon qui, pourtant, avait très peur, refusait toujours de libérer les Israélites. Alors, Moïse lui annonça que l'aîné des enfants de chaque famille égyptienne mourrait dans la nuit, y compris l'aîné des enfants du pharaon.

Cette fois, après ce grand malheur, le pharaon accepta de laisser partir les Israélites.

Cette nuit-là, Dieu avait délivré le peuple d'Israël. Et pour que les Israélites n'oublient jamais cet événement, Dieu avait demandé que chaque famille israélite mange de l'agneau rôti et du pain sans levain – puisqu'ils n'auraient pas le temps de faire lever la pâte ! Et désormais, ils devraient faire ce même repas, chaque année, en souvenir de cette nuit où Dieu avait montré sa puissance. Il lui donna un nom : la fête de Pâque – ou *Pessah*, en hébreu.

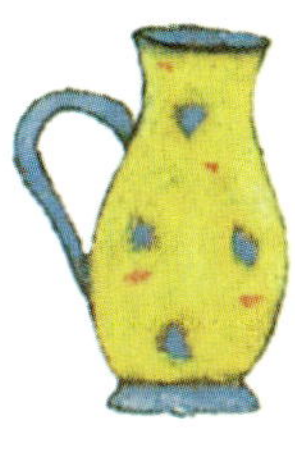

40

Le passage de la mer des Roseaux

Guidé par Dieu, Moïse conduisit le peuple d'Israël hors d'Égypte. Mais, lorsque le pharaon réalisa qu'il n'y aurait plus d'esclaves pour bâtir ses maisons, il décida de rattraper Moïse. Les Israélites virent bientôt, juste derrière eux, les guerriers égyptiens avec leurs chars. Et, devant eux, s'étendait la mer des Roseaux. Ils étaient bloqués et commencèrent à trembler de peur ! Alors, Dieu dit à Moïse de lever son bâton sur la mer. Moïse obéit. La mer s'ouvrit en deux, laissant un passage pour les Israélites, émerveillés. Quand ils furent de l'autre côté, Moïse étendit sa main et la mer se referma sur les soldats du pharaon. Les Israélites remercièrent Dieu de les avoir sauvés.

41

LA MANNE DANS LE DÉSERT

Les Israélites reprirent leur route. Ils marchèrent longtemps dans le désert. Bientôt, ils se plaignirent à Moïse : ils avaient faim et soif. Dieu les entendit et veilla à ce qu'ils ne souffrent ni de faim, ni de soif. Chaque matin, le sol était recouvert d'une espèce de poudre blanche, délicieuse à manger, qui avait le goût du miel ; on l'appelait la manne. Et pour se rafraîchir ? Il suffisait à Moïse de frapper un rocher avec son bâton : l'eau en jaillissait aussitôt !

Les Israélites parvinrent au pied d'une montagne dans le désert du Sinaï. Un matin, la montagne trembla. De la fumée brûlante s'en échappait. Les Israélites étaient effrayés. Ils entendirent même des coups de tonnerre. Moïse savait que Dieu l'attendait et il gravit la montagne : Dieu lui remit les tables de pierre sur lesquelles étaient gravées ses lois, les dix commandements. Dieu était l'ami du peuple d'Israël mais il y avait des règles à respecter, comme aimer Dieu, ne pas mentir ni voler et bien d'autres règles encore...

La Terre promise

Enfin, le peuple d'Israël arriva au pays de Canaan, la Terre promise. Moïse était mort de vieillesse quelque temps avant. Le voyage avait duré quarante ans !

Les Israélites commencèrent peu à peu à vivre heureux dans le pays de Canaan. Ils avaient même choisi un roi : Saül. Mais, durant son règne, les Israélites durent fréquemment faire la guerre à des ennemis, comme les Philistins.

Un jour, alors que les armées des Israélites et des Philistins s'apprêtaient à s'affronter, un guerrier philistin sortit des rangs et proposa de se battre, seul, contre un soldat israélite. S'il gagnait, les Israélites deviendraient les esclaves des Philistins.

Ce guerrier qui s'appelait Goliath, était un homme gigantesque, plus grand qu'un ours, plus fort qu'un lion. Le roi Saül était très ennuyé car personne ne pourrait vaincre un tel colosse ! Pourtant, un jeune berger, David, proposa de se battre contre lui. Il n'avait pas peur : il disait que Dieu était avec lui. David était en fait l'homme que Dieu avait choisi pour devenir roi à la mort de Saül.

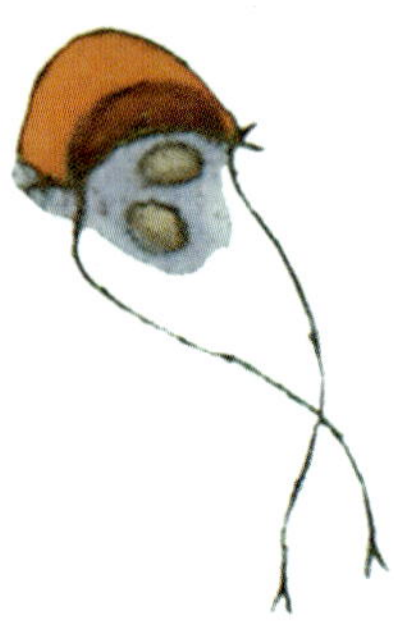

David refusa l'armure et l'épée de Saül, elles étaient bien trop lourdes pour lui. Quelques cailloux et sa fronde lui suffiraient. Et David, le berger, se présenta devant Goliath pour le combattre.

Le géant, lui, portait une armure et tenait une épée redoutable ainsi qu'une énorme lance. Quand il aperçut David, il éclata d'un grand rire moqueur. Pour Goliath, cet adversaire paraissait si minuscule, ridicule ; il n'était même pas armé !

Mais David avait une grande confiance en Dieu. Il s'avança vers le colosse habillé de métal, mit une pierre dans sa fronde et la lança de toutes ses forces. La pierre atteignit le front de Goliath qui s'écroula lourdement sur le sol. David saisit alors la terrible épée du Philistin et il lui coupa la tête. Quand les Philistins virent que leur champion était mort, ils s'enfuirent.

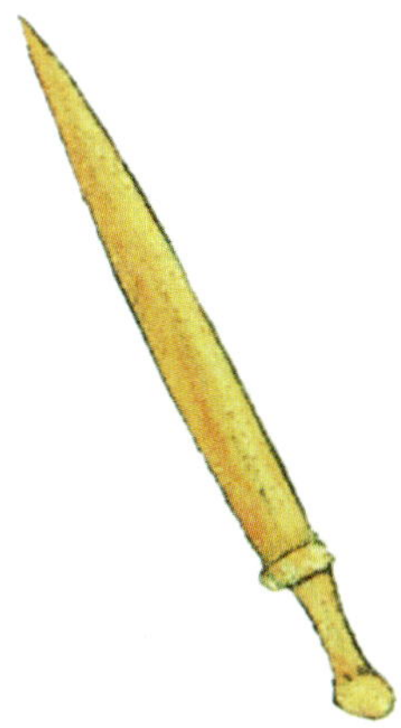

David fut un très grand roi et, lorsqu'il mourut, son fils Salomon devint roi à son tour. Il était très jeune et ne connaissait pas bien le métier de roi.
Une nuit, dans un rêve, Dieu demanda à Salomon ce qu'il désirait. Salomon lui répondit qu'il voulait être un roi sage, juste et bon. Alors, Dieu fit de Salomon un grand sage et, en plus, il lui offrit la richesse et la gloire. Jamais il n'y eut de roi plus sage, plus juste que Salomon.

Le partage du bébé

Un jour, deux femmes se présentèrent devant le roi Salomon, avec un bébé. Toutes deux prétendaient être la maman de ce bébé. Alors, Salomon proposa que l'on partageât le bébé entre les deux femmes. Il fallait donc le couper en deux !

L'une des femmes accepta aussitôt de partager l'enfant ; quant à la deuxième, elle refusa en hurlant de chagrin et supplia que l'on donnât le bébé à l'autre. Ainsi, Salomon sut qui était la vraie mère : celle qui l'avait supplié de ne pas tuer son enfant et qui avait préféré le donner...

Dieu envoie les prophètes

Après Salomon, il y eut d'autres rois mais ils n'étaient pas bons et justes. Ils ne respectaient pas les lois de Dieu. Alors, dans le royaume d'Israël, les gens ne s'entendaient plus et se disputaient avec les pays voisins. Ce fut la guerre et de nombreux Israélites durent quitter leur pays ou furent emmenés de force à Babylone. Pourtant, Dieu ne voulut pas les abandonner. Il envoya des messagers qu'on appelait des prophètes pour parler à son peuple. Il choisit Élie, Isaïe, Jérémy, Daniel, Jonas... et d'autres encore.

49

Le complot contre Daniel

Daniel, un Israélite, vivait à Babylone. Le roi de Babylone, Darius, était l'ami de Daniel. Mais les notables, les ministres de la cour, qui étaient jaloux de leur amitié, préparèrent un complot : ils conseillèrent à Darius de faire une loi : personne n'aurait plus le droit de prier un dieu, sinon il serait jeté aux lions. Bien sûr, Daniel continua d'aimer et de prier Dieu. Et il fut dénoncé... Alors, le roi Darius fut obligé de punir Daniel. Il était malheureux car il aimait Daniel.

50

DANIEL DANS LA FOSSE AUX LIONS

Le soir, avant que Daniel ne fût jeté dans la fosse, Darius supplia son ami de prier son Dieu pour qu'il le sauve. Darius avait tant de chagrin qu'il ne put ni manger ni dormir cette nuit-là. Le lendemain matin, il se précipita vers la fosse aux lions, en criant : « Daniel, ton Dieu t'a-t-il protégé des lions ? » Et Daniel, bien vivant, répondit que Dieu avait envoyé des anges qui avaient fermé la gueule des lions ! Darius en fut très heureux. Daniel fut libéré et les autres, les jaloux, furent jetés dans la fosse et dévorés par les lions.

JONAS S'ENFUIT SUR UN BATEAU

Après Daniel, Dieu choisit Jonas comme messager. Mais, avec Jonas, ce ne fut pas facile. Dieu dut le bousculer un peu car Jonas ne voulait pas lui obéir. Voici ce qui arriva : Dieu, qui en avait assez de la méchanceté des Assyriens, ordonna à Jonas d'aller dans leur grande ville, Ninive. Jonas refusa car il n'aimait pas le peuple des Assyriens. Et il s'enfuit sur un bateau.

52

Jonas avalé par le grand poisson

Dieu se fâcha. Il provoqua une énorme tempête. Le bateau risquait de couler. Les marins et les passagers étaient très effrayés. Jonas comprit que c'était de sa faute, Dieu n'était pas content à cause de lui. Alors, il dit au capitaine qu'il fallait le jeter à l'eau pour arrêter la tempête. Jonas fut donc jeté à la mer et Dieu apaisa la tempête aussitôt.
Mais, tout à coup, un poisson monstrueux se précipita sur le pauvre Jonas et l'avala tout rond. Pendant trois jours et trois nuits, Jonas resta ainsi prisonnier dans le ventre du poisson.

Jonas obéit à Dieu

Jonas demanda pardon à Dieu et le poisson recracha Jonas sur le rivage. Jonas partit donc à Ninive. Là, il parcourut la ville pour donner le message de Dieu à ses habitants : ils devaient cesser leurs méchancetés sinon Dieu détruirait leur ville dans quarante jours. Les Assyriens furent impressionnés ! De plus, Dieu s'intéressait à eux ! Ils se mirent à croire en lui, regrettèrent d'avoir fait le mal et lui demandèrent pardon. Quant à Jonas, il comprit que Dieu aimait non seulement les Israélites mais aussi les Assyriens. En fait, Dieu aimait tous les hommes.

Le peuple d'Israël divisé

Les Romains envahissent la Terre promise

Dieu avait choisi des messagers pour dire aux hommes : « Arrêtez de faire le mal ! Soyez bons entre vous ! Soyez justes et sages ! » Pourtant, beaucoup d'entre eux n'avaient pas cessé de se comporter mal. À cause de toutes ces guerres, la terre d'Israël avait été abandonnée par beaucoup d'Israélites. Puis elle fut envahie par les Romains, un peuple fort et puissant, qui lui donna un nouveau nom : la Palestine.

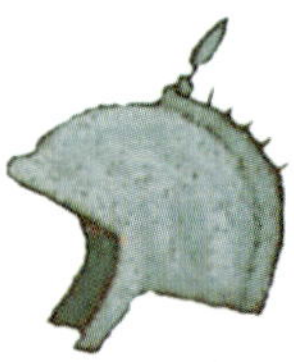

La plupart des Israélites qui étaient restés en Palestine vivaient dans la région de Judée, au sud du pays. On les appelait aussi les Juifs.

Et ils n'aimaient pas du tout les Romains. Cependant, ils n'avaient pas oublié que Dieu leur avait fait une promesse : n'avait-il pas envoyé un prophète, Isaïe, pour leur annoncer la naissance d'un roi ! Mais, pas un roi pour commander un pays ni pour faire la guerre ! Non ! Un roi qui aurait l'Esprit de Dieu dans son cœur, un roi plein d'amour pour les hommes. Et un roi pour toujours. Et les Juifs espéraient très fort la venue de ce roi. Ils attendaient ce roi promis par Dieu et qu'ils appelaient le Messie.

LE NOUVEAU TESTAMENT

La promesse de Dieu se réalise.

57

Marie et Joseph

Une jeune fille douce et gentille, qui s'appelait Marie, habitait à Nazareth, un petit village de la province de Galilée, au nord de la Palestine. Marie vivait simplement et elle était très heureuse : elle devait bientôt se marier avec son fiancé, Joseph.

C'est alors que Dieu lui envoya un messager, l'ange Gabriel.

Et lorsque l'ange Gabriel apparut dans la maison de Marie, elle fut très émue, troublée ! L'ange Gabriel parla à Marie. Il lui annonça que Dieu l'avait choisie pour être la maman d'un petit garçon qu'elle devrait appeler Jésus. Jésus serait roi et son règne n'aurait pas de fin. Marie ne comprenait pas très bien. Avoir un bébé, elle ? Elle n'était même pas encore mariée avec Joseph ! Alors, l'ange Gabriel lui expliqua que la force de Dieu, l'Esprit Saint, viendrait sur elle. Voilà pourquoi ce bébé serait saint, lui aussi, et appelé Fils de Dieu.

Marie était émerveillée : bientôt elle serait la maman du Fils de Dieu ! La maman du Messie !

Peu de temps après, l'empereur des Romains voulut savoir combien de personnes habitaient dans son empire. Chaque homme devait se rendre avec sa famille dans la ville où il était né ; là, on écrivait son nom, celui de sa femme et de ses enfants.

Joseph était maintenant marié avec Marie. Elle attendait un bébé, comme l'ange Gabriel l'avait annoncé. Tous deux partirent à Bethléem, la ville où était né Joseph, pour s'y faire inscrire. Un âne portait Marie car son enfant allait bientôt venir au monde.

Lorsqu'ils arrivèrent, un soir, à Bethléem, Marie sentit que son bébé était prêt à naître. Mais il n'y avait plus de place dans les auberges ! Joseph était très inquiet ! Il courut partout dans la ville, cherchant un abri pour Marie. Heureusement, il finit par trouver une étable dans laquelle dormaient des animaux. Cette nuit-là, Marie mit son enfant au monde. Elle enveloppa tendrement son bébé dans des langes et le coucha sur la paille d'une mangeoire.

Cette même nuit, Dieu envoya un ange à des bergers qui gardaient leurs troupeaux, non loin de Bethléem. Et le ciel de la nuit fut soudain éclairé par une grande lumière. Quand les bergers virent cette immense clarté, ils furent effrayés. L'ange apparut alors dans la lumière. Il leur dit qu'il avait une merveilleuse nouvelle à leur annoncer : un bébé venait de naître à Bethléem et cet enfant était le Messie. L'ange expliqua aux bergers qu'ils le trouveraient couché dans une mangeoire.

LES BERGERS DÉCOUVRENT L'ENFANT DANS UNE ÉTABLE

Les bergers partirent tout de suite à Bethléem et trouvèrent facilement l'étable où dormait le bébé. Dès qu'ils virent le petit Jésus, le Fils de Dieu, ils l'aimèrent de toutes leurs forces et s'agenouillèrent devant lui. Les jours suivants, les bergers racontèrent à tout le monde que le Messie promis par Dieu était enfin venu sur la terre et qu'ils l'avaient vu !

Dieu envoie un signe aux Rois mages

Mais, Dieu voulut montrer que Jésus n'était pas seulement le roi du peuple d'Israël. Il était le roi de tous les hommes de la terre ! Alors, Dieu envoya un signe à des étrangers pour les prévenir de la venue du Messie. Il fit apparaître une étoile très brillante dans le ciel d'un pays lointain, en Orient, où vivaient trois grands savants, des mages.

De l'or, de l'encens et de la myrrhe

Les trois mages suivirent l'étoile de Dieu jusqu'à Bethléem où ils découvrirent l'enfant Jésus. Le cœur empli de joie, les mages se mirent à genoux et adorèrent l'enfant de Dieu. Puis ils lui offrirent des cadeaux somptueux : de l'or, de l'encens et de la myrrhe car ils étaient très riches. Ainsi Dieu avait montré que Jésus venait sur la terre pour aimer tous les hommes : les pauvres comme les bergers, les riches comme les mages !

Jésus au Temple de Jérusalem

Joseph, Marie et Jésus étaient revenus s'installer dans leur petite maison à Nazareth. Jésus grandissait. C'était un jeune garçon gentil et serviable, et les gens l'aimaient beaucoup. Lorsqu'il eut douze ans, Marie et Joseph l'emmenèrent, pour la première fois, fêter la Pâque à Jérusalem. Ils allèrent prier dans le Temple, la maison de Dieu.

Après la fête de Pâque, ils rentrèrent chez eux. Il y avait beaucoup de monde sur les routes. En effet, les gens venaient nombreux chaque année pour célébrer la Pâque à Jérusalem.

Marie et Joseph marchaient depuis un jour quand, soudain, ils réalisèrent que Jésus n'était pas là. Oh, il courait sans doute devant avec les autres enfants ! Marie et Joseph le cherchèrent parmi la foule. Ils demandèrent aux gens s'ils n'avaient pas aperçu leur petit garçon. Mais personne ne l'avait vu ! Jésus avait disparu ! Marie et Joseph, angoissés, retournèrent à Jérusalem pour chercher Jésus.

Jésus retrouvé au Temple

Au bout de trois jours, enfin, ils le retrouvèrent. Jésus était assis dans le temple de Dieu ! Il parlait avec de vieux hommes très sages. Jésus leur posait des questions, les écoutait. Et ces maîtres qui connaissaient bien la Loi de Dieu étaient très impressionnés par l'intelligence et la sagesse du jeune garçon.

Marie lui dit : « Pourquoi nous as-tu fait cela ? Nous étions si inquiets. » Jésus répondit : « Pourquoi m'avez-vous cherché ? Je devais être dans la maison de mon Père. » Marie et Joseph ne comprenaient pas très bien ce que Jésus voulait dire. Tous trois reprirent le chemin de Nazareth.

JEAN LE BAPTISTE

Les années passèrent. Dans le désert de Judée, non loin de Jérusalem, vivait un homme qui s'appelait Jean le Baptiste. Chaque jour, il baptisait les gens dans l'eau du Jourdain. Et il racontait que le Messie allait venir. Il demandait à chacun d'être bon, gentil, de ne pas faire le mal, d'aimer Dieu. Lorsque Jean baptisait les Juifs dans l'eau, c'était comme s'il lavait leurs fautes.

70

Jésus est baptisé

Un jour Jean-Baptiste vit venir vers lui un homme qui voulait être baptisé. Aussitôt, il reconnut Jésus, le Messie. Jean-Baptiste le baptisa. Ce fut pour lui un grand honneur. Et, quand Jésus sortit de l'eau, l'Esprit de Dieu descendit sur lui sous la forme d'une colombe. Au même moment, on entendit la voix de Dieu, qui dit : « Voici mon fils bien-aimé et, en lui, j'ai mis tout mon amour. »

Jésus se rendit un jour au bord du lac de Tibériade et aperçut deux hommes qui pêchaient, Simon et son frère André. Jésus leur demanda de venir avec lui. Il avait besoin d'eux pour apprendre aux hommes à connaître et à aimer Dieu, son Père. Les deux hommes suivirent aussitôt Jésus. Jésus appela ensuite deux autres pêcheurs, Jacques et son frère Jean. Plus tard, Thomas, Matthieu, Judas se joignirent à eux. Ce furent les premiers disciples de Jésus.

Avec ses disciples, Jésus parcourait le pays. Il expliquait aux hommes qu'ils devaient être bons entre eux. Et, pour que les hommes comprennent bien ses paroles, Jésus racontait de belles histoires, les paraboles.

Un jour, un homme dit à Jésus : « Dieu me demande d'aimer mon prochain, mais qui est mon prochain ? » Jésus lui raconta alors cette parabole : il était une fois un Juif qui se fit attaquer sur un chemin par des voleurs. Ils le frappèrent très fort et prirent son argent. Le pauvre homme, blessé, était étendu par terre. Un prêtre passa sans secourir le blessé. Un serviteur arriva à son tour mais il ne fit rien non plus. Le blessé était malheureux, personne ne venait l'aider.

C'est alors qu'il vit un Samaritain approcher avec son âne. Depuis longtemps, les habitants de Samarie étaient les ennemis des Juifs. Le blessé était sûr que jamais ce Samaritain ne viendrait à son aide. Pourtant, ce fut le Samaritain qui, enfin, lui porta secours : il le soigna, le fit monter sur son âne puis le conduisit dans une auberge.
Le Samaritain avait ainsi fait preuve d'une grande générosité envers le Juif, son prochain. Jésus dit alors à l'homme qui l'avait interrogé : « Va et, toi aussi, fais de même. »

Jésus raconta une autre parabole pour expliquer ce qu'était la générosité et le pardon.

Le fils d'un fermier, très riche, demanda un jour à son père de lui donner beaucoup d'argent car il voulait partir dans un autre pays. Le père accepta et le fils partit.

Là où il vécut, le fils fit la fête nuit et jour. Il dépensa tout l'argent en beaux vêtements et en festins. Bientôt il n'eut plus rien. Alors, il garda des cochons pour un fermier en échange d'un petit peu de nourriture.

Malheureux et affamé, le garçon retourna chez son père. Il le supplia de lui pardonner et de le reprendre comme serviteur. Mais son père, heureux de retrouver son fils, l'accueillit tendrement et organisa une grande fête en son honneur. Le fils aîné qui était resté avec son père pour travailler se mit en colère. Son jeune frère s'était mal comporté. Mais son père essaya de lui faire partager sa joie : n'avait-il pas retrouvé le fils qu'il avait perdu !

Parfois, Jésus réalisait des choses extraordinaires et montrait ainsi la puissance de Dieu : Jésus faisait des miracles ! Il guérissait des malades, il redonnait la vue aux aveugles. Il pouvait même faire revivre des gens qui étaient morts.
Beaucoup de monde avait entendu parler de cet homme merveilleux qui parlait de l'amour de Dieu et qui accomplissait des miracles.
Et, quand Jésus arriva avec ses disciples dans la ville de Capharnaüm, les gens se précipitèrent pour le voir et l'écouter.

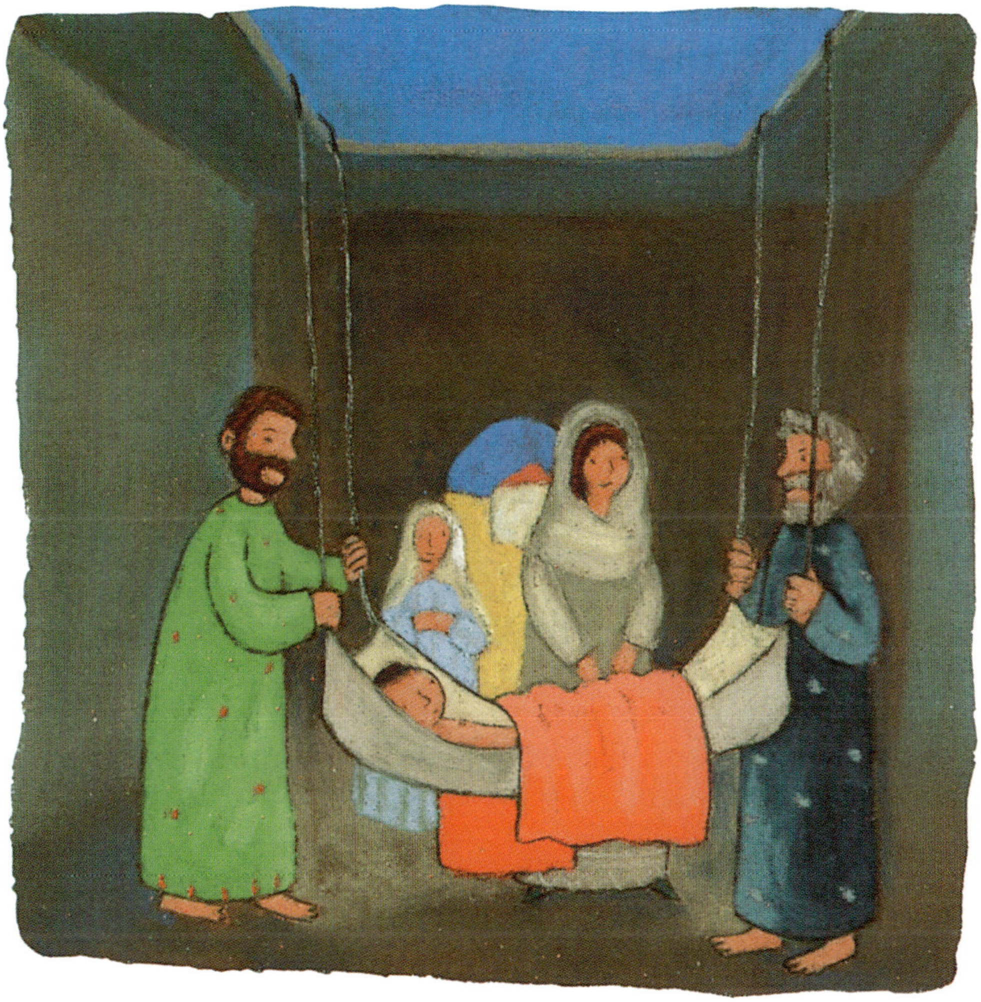

77

La guérison du paralytique

Des hommes qui portaient un paralysé sur une civière essayèrent d'approcher Jésus, mais il y avait trop de monde autour de lui ! Alors, ils montèrent sur le toit d'une maison et firent descendre la civière près de Jésus. Le paralysé croyait en Jésus et pensait qu'il pouvait le guérir. Jésus se pencha vers l'homme qui ne pouvait pas marcher et il lui dit : « Lève-toi et marche ! » Et voici que l'homme qui croyait si fort en Dieu se leva de sa civière et marcha. Si Jésus guérissait les malheureux, c'était pour montrer que Dieu les aimait.

JÉSUS PARLE À LA FOULE

Un matin, Jésus traversa le lac de Tibériade avec ses compagnons. De l'autre côté, une foule nombreuse l'attendait. Ils étaient des milliers de personnes qui voulaient entendre les paroles de Jésus. Il leur parla longtemps, jusqu'au soir. Tout le monde commençait à avoir faim mais il n'y avait rien à manger !
Jésus et ses disciples, eux, n'avaient que cinq petits pains et deux poissons. Pourtant Jésus demanda à ses disciples de nourrir la foule.

Mais, c'était impossible, il y avait cinq mille personnes ! Et voilà que Jésus bénit les cinq petits pains et les deux poissons puis les partagea. La distribution commença : un bout de pain et un morceau de poisson pour toi, un bout de pain et un morceau de poisson pour toi aussi... Il y en avait encore et toujours, au fur et à mesure que les disciples les distribuaient. Chacun reçut un bout de pain et un morceau de poisson ! Et, lorsque tout le monde eut mangé à sa faim, il en restait quand même suffisamment de quoi remplir douze paniers !

Un jour, des gens amenèrent leurs enfants près de Jésus. Mais les disciples essayèrent de les chasser ; ils ne voulaient pas que Jésus fût dérangé par des enfants ! Alors Jésus leur dit : « Laissez les enfants venir jusqu'à moi ! » Les disciples obéirent. Jésus accueillit les enfants : il les bénit et les prit même dans ses bras et sur ses genoux. Puis il expliqua aux disciples que, pour Dieu, les petits, les faibles comme les enfants, étaient aussi importants que les grands !

Le retour de Jésus à Jérusalem

Jésus et ses disciples retournèrent à Jérusalem pour fêter la Pâque. Une foule l'accueillit en l'acclamant. Les gens criaient : « Béni soit celui qui vient au nom du Seigneur ! » Beaucoup de personnes croyaient que Jésus était le Fils de Dieu. Mais certains prêtres pensaient que Jésus n'était pas le Messie envoyé par Dieu et ils lui reprochaient de se prendre pour le Fils de Dieu. Jésus savait qu'il avait des ennemis et qu'ils voulaient le faire arrêter par les soldats romains. Jésus savait aussi qu'il allait souffrir et mourir avant de retrouver son Père.

Jésus partage le pain et le vin

Le premier jour de la Pâque, Jésus et ses disciples étaient réunis pour le repas. Ils mangèrent ensemble de l'agneau. Durant le repas, Jésus partagea le pain, le bénit et le distribua à ses disciples. Ensuite, il prit une coupe de vin qu'il bénit et la passa à ses disciples. Jésus déclara alors qu'il allait mourir le lendemain.

Il expliqua que son corps qu'il donnait par amour pour les hommes, c'était un peu comme ce pain qu'il venait de partager. De même, il expliqua que son sang qui serait versé par amour pour les hommes était un peu comme ce vin qu'il venait de partager.

JÉSUS SUR LE MONT DES OLIVIERS

83 L'ARRESTATION DE JÉSUS

Après le repas, Jésus se rendit avec ses disciples sur le mont des Oliviers. Là, il pria. Si Jésus était Fils de Dieu, il était aussi un homme ; alors, en tant qu'homme, il avait peur de souffrir, de mourir.
Soudain, une troupe de soldats se précipita sur Jésus pour l'arrêter. Les disciples furent si effrayés qu'ils s'enfuirent.

Le jugement de Ponce Pilate

Le lendemain, Jésus fut emmené devant Pilate, le gouverneur romain qui commandait la province de Judée. Pilate ne comprenait pas pourquoi les prêtres juifs voulaient se débarrasser de Jésus. Pourquoi le tuer ? Qu'avait-il fait de mal ? Mais les prêtres accusaient Jésus de se prendre pour le Fils de Dieu ! Alors, Pilate dit aux prêtres de décider eux-mêmes ce qu'il fallait faire. Et les prêtres demandèrent que Jésus fût mis en croix comme on faisait avec les criminels. Alors, les soldats emmenèrent Jésus et il fut battu.

Jésus prétendait être le roi des Juifs ? Aussi, pour se moquer de lui, les soldats romains l'habillèrent d'un manteau pourpre comme seuls les rois en portaient. Et ils posèrent une couronne sur sa tête. Mais cette couronne-là n'était pas en or ; elle était faite d'épines. Ensuite, les soldats mirent une croix sur les épaules de Jésus pour qu'il la porte jusqu'au mont Golgotha. Mais elle était très lourde et Jésus avait du mal à la porter. Un soldat ordonna à un homme d'aider Jésus. Une foule de gens regardait passer Jésus et sa croix. Certaines femmes pleuraient.

La crucifixion

Arrivé au mont Golgotha, Jésus fut mis en croix. Les gens qui passaient se moquaient de Jésus : « Si tu es le Fils de Dieu, descends donc de la croix ! » Alors Jésus dit : « Père, pardonne-leur, car ils ne savent pas ce qu'ils font. » Et, au moment où Jésus mourut, il se passa des événements incroyables : la nuit tomba tout à coup, la terre trembla ! Après la mort de Jésus, on enleva son corps de la croix. Il fut enveloppé dans un grand drap blanc, puis mis dans un tombeau qui ressemblait à une grotte. Et, pour fermer le tombeau, on roula une énorme pierre devant l'entrée.

Trois jours plus tard, une femme, Marie de Magdala, qui connaissait bien Jésus, se rendit au tombeau. C'est alors qu'elle vit qu'il était ouvert ! Elle se précipita à l'intérieur : le corps de Jésus avait disparu !

Comme elle pleurait devant le tombeau, un homme s'approcha d'elle en souriant. Il lui dit de ne pas être triste. Puis, il l'appela par son prénom, Marie. Alors elle le reconnut : c'était Jésus !

Aussitôt, Marie courut annoncer la bonne nouvelle aux disciples : Jésus n'était plus dans le tombeau, il était ressuscité ! Il était redevenu vivant et elle l'avait vu !

Marie de Magdala reconnaît Jésus

Jésus apparaît aux disciples

Jésus vint voir les disciples à plusieurs reprises. La première fois, ils furent très étonnés ! Ils étaient ensemble dans une maison avec les portes et fenêtres fermées quand, soudain, Jésus fut là, au milieu d'eux ! D'abord ils eurent très peur, ils crurent même que c'était un fantôme. Mais un fantôme ne mange pas ! Et Jésus avait mangé avec eux.

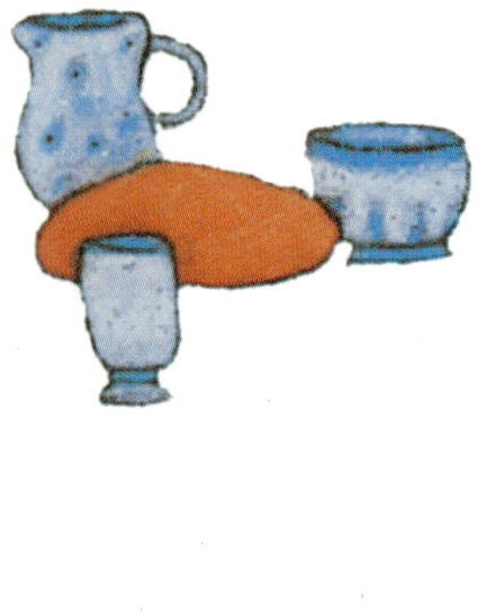

JÉSUS S'ÉLÈVE DANS LE CIEL

La dernière fois que Jésus vint leur rendre visite, il leur annonça qu'ils allaient bientôt recevoir l'Esprit de Dieu : c'était une grande force pleine d'amour. Et, grâce à cette force, les disciples pourraient raconter partout dans le monde que Jésus le Messie était venu et qu'il existait un Royaume de Dieu pour les hommes.

Puis Jésus s'éleva dans le ciel et disparut. Il venait de rejoindre son Père.

Le don du Saint-Esprit

90

Les disciples reçoivent l'Esprit Saint

Le jour de la fête juive des moissons, la Pentecôte, les disciples étaient réunis quand, soudain, ils sentirent un grand coup de vent et virent des petites flammes descendre et se poser sur leur tête. C'était la force, l'Esprit de Dieu, que Jésus leur avait promis. À cet instant, les disciples furent capables de parler toutes les langues du monde. Et c'est ainsi que dans chaque pays où ils iraient, ils pourraient se faire comprendre.

91

LES DISCIPLES PRÊCHENT LA PAROLE DE DIEU

Les disciples de Jésus se mirent à parcourir le monde entier pour raconter l'histoire de Jésus, le Fils de Dieu qui était venu sur terre.

C'était lui le Messie promis par Dieu. Il était venu pour dire à tous les hommes que Dieu les aimait et qu'ils devaient s'aimer les uns les autres.

INDEX DES NOMS DE PERSONNES ET DE LIEUX